MISCELLANÉES

PAR

Henri BARDY

****

SAINT-DIÉ
TYPOGRAPHIE ET LITHOGRAPHIE C. CUNY
1903-1904

MISCELLANÉES

PAR

Henri BARDY

****

SAINT-DIÉ
TYPOGRAPHIE ET LITHOGRAPHIE C. CUNY
1903

A PROPOS

DES

« HUSSARDS DE LAUZUN »

Un journal de Nancy disait dernièrement, dans un très court article intitulé : *le 8ᵉ hussards et la sabretache*, que ce régiment, actuellement en garnison à Verdun, est le même que celui qui, au moment de la Révolution, portait le nom de « hussards de Lauzun ».

Nous pensons que cela n'est pas exact.

Le régiment de hussards — ou mieux de *houzards,* suivant la vieille orthographe, — numéroté 6ᵉ sous l'ancien Régime, avait pris le nom de *Lauzun,* qui était celui sous lequel son colonel-propriétaire était le plus connu, car il l'avait rendu célèbre par d'innombrables bonnes fortunes qu'il a, du reste, si bien racontées dans ses amusants *Mémoires*. Quand après la mort de son oncle, il prit le nom de Biron, on ne changea pas pour cela la dénomination du régiment, qui resta Lauzun, comme avant, bien que son propriétaire s'appelât désormais Armand-Louis de Gontaut, duc de Biron, maréchal-de-camp, chevalier de Saint-Louis et de l'Ordre de Cincinatus.

Lorsqu'en 1790, le 6e hussards quitta Verdun pour aller tenir garnison à Belfort, le duc de Biron était à l'Assemblée nationale constituante, comme député de la noblesse du Quercy.

Le régiment était sous les ordres du colonel-commandant, le comte de Pestalozzi, ayant pour lieutenant-colonel de Badda de Badosalva, pour major Brisack, et pour quartier-maître-trésorier Sirjacques, avec rang de capitaine. Les quatre chefs d'escadron étaient vicomte de Guerpel, Dutertre, Blondeau et Deslon.

Ce dernier était Vosgien, d'une famille originaire de Gérardmer. Son frère, Charles Deslon, né à Paris en 1750, est bien connu par la part qu'il prit, avec Mesmer, aux fameuses expériences de magnétisme animal de 1778 à 1785.

En 1792, l'ancien *Lauzun* qui, depuis le décret du 1er Janvier 1791 enlevant à tous les régiments les noms de villes, de provinces, de princes et de colonels qu'ils avaient portés jusqu'alors, ne portait plus que son numéro d'ordre, c'est-à-dire le 6e hussards, devint le 5e par suite de l'émigration du 4e, celui de *Saxe*, qui, sous la conduite de son colonel, M. de Gottesheim, un Alsacien, quitta sa garnison de Sarreguemines pour passer dans l'armée des Princes.

Ce sont les hussards de ce 5e régiment qui furent les parrains de celui qui, de nos jours, porte le même numéro et qui a été créé, lors de la réorganisation de l'armée au commencement de la seconde Restauration, sous le nom de « hussards du Bas-Rhin », avec la pelisse et le dolman *bleu-de-roi*.

On sait que nos anciens régiments de

hussards se distinguaient par les couleurs différentes de leurs costumes. C'est ainsi que le premier était *bleu-de-ciel* ; le 2ᵉ (ex-Chamboran) *brun marron*, avec collet garance ; le 3ᵉ (ex-Esterhazy) *gris argentin* ; le 4ᵉ pelisse et dolman *garance*, collet et pantalon bleu de ciel ; le 5ᵉ (ex-Lauzun) *bleu de roi* ; le 6ᵉ *vert foncé* ; le 8ᵉ *vert clair*. Le 9ᵉ, composé d'anciens « hussards de la mort », avait conservé la couleur *noire*, avec les tresses et cordons *blanc*, mais sans les macabres attributs du colback, des boutons et de la sabretache, qui consistaient en une tête de mort surmontant deux fémurs en sautoir.

En 1872, tous les régiments reçurent le même uniforme, ce qui fit disparaître les nuances distinctives pour chacun d'eux. Les pelisses attachées sur l'épaule furent supprimées, ainsi que la sabretache, cet ornement si décoratif mais si incommode et si inutile. Puis, on créa cinq régiments nouveaux, ce qui en porta le nombre à quatorze.

**

Les hussards de *Lauzun* ont acquis une certaine célébrité par la part qu'ils ont prise, avec le régiment de *Royal-Liégois* infanterie, à l'affaire insurrectionnelle de Belfort le 21 Octobre 1790. Cette scandaleuse journée, dans laquelle des officiers donnèrent à leurs hommes l'exemple de l'insubordination et de la révolte, fit beaucoup de bruit, et quand il en fut question à l'Assemblée nationale, le 30 Octobre, l'ancien duc de Lauzun, qui ne s'appelait plus alors qu'Armand Gontaut, vint à la tribune prendre la défense de ses hussards et plaider les circonstances atténuantes.

« Je n'entreprends pas, dit-il, d'excuser le corps que je commande. L'ivresse a entraîné le régiment de Lauzun ; ses torts sont inexcusables, mais je suis sûr qu'au moment où je vous parle, le repentir le plus profond est dans tous les cœurs. Ne confondons pas un grand nombre de soldats innocents avec des officiers coupables. »

Le plus coupable des deux régiments fut incontestablement celui de *Royal-Liégois*, levé dans les Etats du Prince-Evêque de Liège et au service de France à titre d' « étranger ». Du reste, le général de Bouillé l'avait ainsi jugé, lorsqu'en arrivant à Belfort, le lendemain de l'affaire, il s'était écrié : « Quoi ! ce régiment fera-t-il donc toujours quelque nouvelle sottise ! » Aussi lui fit-il immédiatement quitter la place, honteusement, on peut le dire. En sortant de ville, les soldats tenaient leurs fusils la crosse en l'air et les officiers avaient leurs épées au fourreau...

Dans son *Courrier des départements* (n° du 31 octobre 1790), le journaliste Gorsas publie une correspondance de Belfort où il n'est parlé que d'une mutinerie d'officiers aristocrates du *Royal-Liégeois*. Ils chantaient, dit le correspondant :

Ah ! ça ira, ça ira, ça ira,
   Les démocrates à la lanterne,
Ah ! ça ira, ça ira, ça ira,
   Tous les députés on les pendra.

Ce refrain entraînant et original, facile à retenir, fut répété et devint à Paris ce qu'y deviennent certains « motifs » plus ou moins spirituels, ainsi que chacun le sait. Le peuple le fit sien, en le retournant contre ceux qui le lui avaient appris, remplaçant les mots *démocrates* et *députés* par celui d'*aristocrates*. Ce fut bientôt l'ignoble *Ça ira* de la populace qui ne retentit que trop souvent dans les mauvais jours de la Révolution.

Chanté d'abord à Belfort, le 21 octobre 1790, par une troupe étrangère, on peut considérer, ce semble, ce refrain comme une importation. Ce serait donc une petite consolation pour notre patriotisme de songer que ce n'est pas un régiment français qui, en l'entonnant, a donné un exemple si déplorable d'indiscipline.

Les hussards de Lauzun ne tardèrent pas à faire oublier leur incartade par leur bonne conduite. A la bataille de Valmy, le 20 septembre 1792, ce régiment, le 6º de l'arme et qui allait sous peu en devenir le 5º, combattit vaillamment.

Mais déjà de nombreuses désertions se produisaient dans l'armée ; d'assez forts détachements d'officiers, de sous-officiers et de soldats franchissaient le Rhin pour aller rejoindre des corps d'émigrés et tourner leurs armes contre leur patrie. Le comte de Pestalozzi, colonel-commandant de *Lauzun*, fut un de ces officiers, et il devint dans l'armée des Princes colonel des hussards de *Choiseul,* à la solde de l'Angleterre. En émigrant, il entraîna à sa suite ses deux jeunes neveux, l'un lieutenant au régiment de *Bouillon*, l'autre sous-lieutenant aux hussards de *Lauzun*.

On peut dire que leur émigration causa la perte de leur père.

※

Ils étaient fils de Louis-Charles-Toussaint Hugo de Spitzemberg et de Marie-Catherine de Bazelaire de Lesseux, dame de Neuviller. L'aîné, Louis-Joseph-Dieudonné, était né à Saint-Dié le 22 octobre 1772 ; le second, Claude-François-Nicolas, le 8 novembre de l'année suivante, dans la même ville.

On les envoya tous deux faire leurs études à Stuttgart, dans le Würtemberg, où il y avait une école renommée, la *Carolina,* que fréquentaient d'autres Déodatiens de bonne famille, notamment Nicolas Souhait, le futur colonel du génie dont nous avons raconté naguère la trop courte mais glorieuse carrière.

A sa sortie de la « Carlschule », le plus jeune, que l'on avait surnommé *Crockfeld*, entra en 1787 comme sous-lieutenant aux hussards de Lauzun. Il se laissa plus tard entraîner par l'exemple de son oncle et de son frère, et, au commencement de 1793, quitta la France à son tour et fut nommé lieutenant au régiment des hussards de Choiseul.

Cependant la Révolution marchait à pas de géants. Chaque jour, le gouvernement prenait des mesures plus sévères contre les suspects et surtout contre les familles d'émigrés. Mais c'est en avril 1793 que les mesures révolutionnaires furent imposées pour la première fois aux autorités locales sous la pression des circonstances. La nouvelle de la défection de Dumouriez, la perspective plus prochaine d'une invasion étrangère surexcitèrent tous les esprits. L'opinion publique vit partout des malveillants et des traîtres ; les volontaires partirent pour la frontière, et, en même temps, on décida de s'assurer des ennemis de l'intérieur.

Le 5 avril, le Conseil général de la commune de Saint-Dié procéda au désarmement des nobles, seigneurs et autres personnes suspectes, parmi lesquels figurait en première ligne Louis-Toussaint Hugo de Spitzemberg. On ne trouva chez lui qu' « un fusil à deux coups ; un autre simple d'ordonnance, sans batterie, avec sa bayonnette ; une paire de pistolets demi-arçon, garnis en acier ; un couteau de chasse, garni en argent ; une canne à épée ayant le bout cassé ; deux lames d'épée sans montures, avec leurs fourreaux. Les fusils et pistolets avec leurs robes. »

C'était là une bien pauvre panoplie, un bien misérable arsenal !...

Cela ne l'empêcha pas d'être mis en état d'arrestation, le 19 avril, « comme père de deux fils émigrés qui tous deux

servaient dans les troupes françaises. »
On mit les scellés sur ses papiers qui, lus
et examinés, furent reconnus ne rien contenir de contraire à la Révolution.

Incarcéré à l'évêché, avec sept autres
« ci-devant nobles », il ne reçut que le
1er juillet la permission de communiquer
avec sa femme, sa fille alors âgée de 22
ans, et son troisième fils, qui n'en avait
que 12.

Puis vint le jour fatal !...

On a raconté déjà ces sinistres journées
des 1er, 2 et 3 septembre 1793 où Saint-
Dié fut le théâtre des scènes les plus
épouvantables. Nous n'entreprendrons
pas d'en faire un nouveau récit après celui, si vivant et si dramatique, qu'a donné
M. Félix Bouvier dans ses *Vosges pendant
la Révolution* (pp. 233 à 250). Nous nous
bornerons à rappeler que le dimanche 1er
septembre, pendant que dans les rues
grondait l'émeute et que la foule en délire commençait à envahir l'évêché, les
huit prisonniers étaient parvenus à escalader le mur du jardin et à gagner la campagne.

Hugo de Spitzemberg ne put aller bien loin. Il fut découvert à la lisière de la forêt, se cachant derrière un buisson, pris, ramené triomphalement en ville, puis, après lui avoir fait subir mille traitements ignobles, conduit à la Croix de Périchamp. C'est là qu'à six heures du soir il subit son martyre.

Voici ce qu'a dit à ce sujet un témoin qui, par hasard, se trouvait là à ce moment : « Ecœuré des horreurs qui se commettaient à Saint-Dié, je me décidai, dans la soirée, à aller passer la nuit dans ma famille à Mandray. J'avais avec moi un camarade du village. Ce fut en arrivant à Périchamp que nous trouvâmes M. de Spitzemberg à genoux, en face de ses bourreaux et implorant toute leur pitié au prix de sa fortune. Rien n'y fit ; il leur fallait du sang ! L'un d'eux, perdant patience, passa par derrière, saisit un pied de la victime, la fit tomber la face contre elle, et chacun de se ruer sur elle... Affolés de frayeur et de dégoût, nous précipitâmes nos pas, dans la croyance que cet affreux assassinat n'était que le prélude de malheurs plus grands encore.... »

Ce témoin oculaire, jeune volontaire du village de Mandray, se nommait Haxaire. Il fut le père de l'estimable M. Joseph Haxaire, menuisier à Fraize et membre de la *Société philomatique vosgienne*. C'est de celui-ci, très âgé et très au courant des traditions locales, que nous tenons ce souvenir de « Quatre-vingt-treize ».

Quant à l'ex-hussard de Lauzun, il ne revint pas en France, pas plus que son frère. En 1798, il entra au service du Wurtemberg, combattit aux côtés de l'armée française pendant que son pays d'adoption était l'allié de l'Empereur, fut nommé chevalier de la Légion d'honneur et décoré du Mérite militaire Wurtembergeois en 1807, devint colonel de son régiment en 1810 et, en 1812, reçut du roi de Wurtemberg sa retraite avec le grade de général-major. Il mourut à Stuttgart le 21 Juillet 1855, sans postérité.

Ce fut son plus jeune frère, Louis-François-Xavier-Antoine, marié avec une baronne de Massembach, qui assura la descendance de la famille Hugo de Spitzemberg.

Et voilà comment, à propos des hussards de Lauzun, après un long circuit et quelques digressions qui, nous semble-t-il, ne sortaient pas complètement du sujet principal, nous avons été amené à évoquer un des plus déplorables épisodes des annales déodatiennes.

Lafeschotte (Doubs), 2 Juillet 1903.

A PROPOS

DE LA

MORT DU POÈTE GILBERT

———→>•<←———

On sait que l'ancien bâtiment de l'annexe de l'Hôtel-Dieu de Paris est sur le point de disparaître. Une visite en a été faite récemment par une délégation de membres de la *Commission du Vieux Paris,* qui a exploré en détail les restes du vieil édifice, tout décrépit, de la rue de la Bûcherie, sous lequel se trouvent les sinistres *cagnards* et la lugubre salle des morts qu'a décrit le romancier Elie Berthet dans une de ses plus intéressantes productions.

L'attention des délégués de la *Commission du Vieux Paris* a été retenue surtout par les inscriptions de la salle dite des Bienfaiteurs, et, dans le rapport fait par un des leurs, M. Tesson, ils réclament la conservation dans le nouvel Hôtel-Dieu de ces inscriptions comme pièces historiques de grande valeur dont le démontage demandera des soins particuliers. Une inscription de cette même salle ne devra pas subsister, et le rapporteur en a donné la raison à la séance du 14 mai 1903 de la *Commission du Vieux Paris* dont le compte-rendu a été publié dans le supplément du *Bulletin municipal officiel de la Ville de Paris* du 29 juillet suivant.

Cette inscription devra être supprimée, a dit M. Tesson, parce qu'elle perpétue une erreur flagrante en reproduisant quelques strophes de l'ode célèbre du poète Gilbert *les Adieux à la Vie* :

Au banquet de la vie, infortuné convive,
    J'apparus un jour, et je meurs ;
Je meurs, et sur la tombe où lentement j'arrive,
    Nul ne viendra verser des pleurs.
Salut, champs que j'aimais, et vous, douce verdure,
    Et vous, riant exil des bois !
Ciel, pavillon de l'homme, admirable nature,
    Salut pour la dernière fois !

Et ces vers sont suivis de cette autre inscription à la partie inférieure du cadre :

Gilbert, mort à l'Hôtel-Dieu à 22 ans ; écrit 8 jours avant sa mort.

En effet, la légende raconte que le poète vosgien, né le 15 décembre 1759 à Fontenoy-le-Château, étant à Paris plongé dans la plus noire misère et malade, est venu mourir, poitrinaire, à l'Hôtel-Dieu (et non à l'hôpital de la Charité, comme le dit une de ses biographies).

La vérité reconnue est que Gilbert est entré à l'Hôtel-Dieu pour se faire opérer, à la suite d'une grave blessure du crâne occasionnée par une chute de cheval ; quant à ses ressources, elles étaient au dessus de la moyenne.

Est-ce l'inscription de l'Hôtel-Dieu qui a créé l'erreur ? Est-ce la légende qui a engendré l'inscription ? L'on ne sait, mais la *Commission du Vieux Paris* a conclu qu'il y avait lieu de supprimer l'une et l'autre.

Encore la fin d'une légende !...

SAINT-DIÉ VILLE D'EAUX

—→◆←—

Nous entendons d'ici — malgré la distance qui nous sépare — les objections que ne manqueront pas de faire certaines personnes à l'idée que Saint-Dié pourrait bien un jour devenir une ville d'eaux. Nous n'avons pas d'eau, diront-elles, ou du moins pas en quantité suffisante pour pouvoir alimenter, en bains et en boisson, une station hydro-minérale. Et puis, n'avons-nous pas, depuis plusieurs années, un établissement de bains bien aménagé, autrement vaste, autrement confortable que ne l'étaient les anciens bains-Sauvage? Gérardmer a ses lacs ; Contrexéville, Vittel, Martigny ont leurs sources abondantes et plus fortement minéralisées que celles du Petit-Saint-Dié, dont, du reste, la concession n'est pas arrivée à terme.

Tout cela est vrai, mais de ce que cela soit ce n'est pas une raison pour se désintéresser, dans notre vallée de la Haute-Meurthe, du mouvement qui a lieu à cette heure en faveur d'un *Syndicat d'initiative des Vosges,* et ne pas faire chez nous comme dans le Sud-Est, où l'on a créé le *Syndicat d'initiative de Grenoble et du Dauphiné,* comme dans le Centre, où l'on a formé le *Syndicat d'Auvergne.*

Eh bien ! mettons que pour une raison ou pour une autre, il soit totalement impossible de faire de Saint-Dié une ville d'eaux. Notre jolie cité a fort heureusement d'autres cordes à son arc. Compte-t-on pour rien son incomparable situation, ses points de vue vraiment magiques, ses paysages splendides et variés, ses environs qui évoquent à chaque pas des souvenirs historiques aussi nombreux qu'intéressants.

Si vous voulez vous faire une idée de la féerie de nos paysages, lisez cette description sortie de la plume de M. Edouard Sylvin, un ancien rédacteur du *Mémorial des Vosges ;* elle dépeint d'une manière aussi artistique que littéraire l'admirable vue que l'on découvre depuis les chalets de Foucharupt :

« Le grand charme, ce sont les Vosges. La vue est merveilleuse ; elle embrasse un horizon considérable. Au Levant, on voit la chaîne avec ses embranchements, ses ballons isolés, noirs de bois, ses vallées étroites, sa confusion de sommets superposés, où, dans la brume qui flotte sur eux et finit par les noyer, les caprices de la lumière font des trous éclairant les flancs pelés d'une colline, les chaumes d'une cîme ou les fermes disséminées sur les hauteurs au milieu des clairières ; au couchant, au delà des plaines où s'est livré, en 1870, le combat de la Bourgonce, l'horizon est fermé par les derniers chaînons qui vont mourir dans les prairies de la Meurthe, près de Raon-l'Etape ; enfin, au pied de la colline même, à quelques pas de l'ermitage où Erckmann, le collaborateur de Chatrian, a habité si longtemps, s'étend la ville de Saint-Dié entre deux montagnes couvertes de sapins. Ce qu'on ne peut décrire, c'est le détail infini. du paysage, ces innombrables caprices des fourrés et des couleurs, cette variété d'aspect qui va de l'animation de la ville au calme farouche des forêts, cette variété de bruits qui passent du halètement monotone des machines dans les fabriques au murmure profond de l'air s'engouffrant dans les vallées; ce qu'on ne peut décrire, surtout, ce sont les transformations innombrables que les fantaisies de la lumière font subir à cet ensemble de choses, en tirant tour à tour un décor aimable d'opéra-comique, un panorama plein de grandeur, ou, par les mauvais temps, sous un ciel d'orage, le spectacle émouvant des colères de la nature. »

N'est-ce pas là un joli cadre pour Saint-Dié ville d'eaux ! On s'accorde à reconnaître qu'elle est des mieux placées pour le devenir. Que les médecins de la Faculté de Nancy veuillent bien lui être propices, et la vogue lui viendrait sûrement.

En somme, Saint-Dié est une ville

d'eaux *oubliée*. Cela est de la plus exacte vérité. Au XVIe siècle, et très probablement auparavant, ses sources minérales étaient connues et fréquentées, et, au dire de Jean Metellus, géographe allemand (1594), ses eaux guérissaient beaucoup de maladies. Elles furent ensuite délaissées.

Mais un éminent prélat, Mgr Chaumont de la Galaizière, premier évêque de Saint-Dié, voulut leur rendre leur ancienne vogue. Il se berça de l'idée de faire de sa ville épiscopale une station hydrothérapique et chercha les moyens pratiques de la faire aboutir. Déjà, il faisait usage pour lui-même de l'eau de la source d'*En-Bas*, et la préconisait pour le traitement et la guérison des affections rhumatismales. Il avait fait aménager la maison du Petit-Saint-Dié afin que les vieux prêtres puissent profiter de ces eaux salutaires. Il fit mieux, au point de vue du public, en faisant construire près des sources un petit édifice, sorte de kiosque, bien couvert et pourvu de sièges, où les malades et les convalescents pouvaient aller boire et se reposer.

Puissions-nous voir bientôt la réalisation de l'idée du vénérable prélat!...

Voyez dans le *Guide-Stegmüller* combien sont faciles les promenades et les excursions, depuis celles de quelques heures jusqu'à celles d'une ou de deux journées. Nous ne parlons pas des excursions de plusieurs jours qui se font si aisément sur le versant alsacien des Vosges et jusque dans la plaine du Rhin.

Nous possédons une maison de bains de propreté, avec installation de douches et tout le confort que l'on est en droit d'exiger. Ce n'est pas de cela qu'il s'agit, mais d'un établissement d'hydrothérapie médicale, d'une station d'été, avec cures d'air, de petit-lait, etc., d'un lieu de repos et de reconstitution, comme il en existe de florissants en des endroits infiniment moins favorables. Sans compter les accessoires obligés, tels que salle de conversation, salons de lecture et de jeux, casino, en un mot toutes les distractions que l'on procure d'ordinaire à ceux que l'on est convenu d'appeler des « baigneurs ».

Tout cela sera à examiner et à discuter en temps et lieu, quand il y aura eu entente préalable, et quand un *Syndicat*, régulièrement organisé, aura, par une publicité raisonnée et incessante, attiré l'attention des touristes et des amateurs de villégiature sur nos superbes montagnes et nos pittoresques vallées.

Nous l'avons dit maintes fois, et nous le répétons. Saint-Dié est dans un site admirable, qu'il faut faire valoir par tous les moyens possibles. Tout le monde en bénéficiera. Notre coin des Vosges est loin d'être fréquenté autant qu'il devrait l'être en ces temps de voyages continuels. Notre belle ville de Saint-Dié n'est pas assez connue. C'est trop peu que de la traverser. Il faut l'habiter pendant un certain temps, excursionner dans les petites vallées des affluents de la Meurthe, comme celles de la Fave, du Taintroué, du Rabodeau, de la Plaine, pour se faire une idée de toutes les beautés, de toutes les curiosités que l'on y rencontre. Il n'y a pas seulement de quoi émerveiller les amoureux de la nature ; il y a encore de quoi intéresser au plus haut degré les amateurs d'histoire et d'archéologie. Ils trouveront à satisfaire leurs goûts, depuis les monuments préhistoriques des sommets vosgiens jusqu'à ceux des temps modernes, en passant par les intermédiaires de toutes les époques : celtique, gallo-romaine, moyen-âge, renaissance. N'y a-t-il pas là plus qu'il n'en faut pour tenter les plus indifférents ?

Nos compatriotes voudront-ils persévérer dans une nonchalance des plus fâcheuses, quand une occasion comme celle d'un *Syndicat d'initiative* se présente à eux pour faire valoir leur admirable pays et en tirer d'incontestables avantages en faisant une intelligente publicité et une réclame à l'abri de tous reproches ? Ce serait bien peu comprendre ses intérêts et confier l'avenir à de plus habiles.

Fesches-le-Châtel (Doubs), le 12 Sept. 1903.

A PROPOS DE FÉMINISME

FEMMES « EN CULOTTES »

Nous ne pensons pas que, pendant la Révolution française, les femmes de notre bon pays vosgien aient jamais abandonné les soins de leurs ménages pour s'occuper de politique active, former des clubs, prononcer des discours patriotiques et mettre les culottes de leurs maris. Du moins, nous n'avons jusqu'à présent rien trouvé, sur leurs agissements et leur participation aux événements de cette époque, qui ait pu faire quelque sensation. Mais de ce que nous n'avons rencontré aucun fait saillant à ce sujet en feuilletant les régistres révolutionnaires de nos archives locales, ce n'est pas une raison pour qu'il n'y ait pas eu, dans nos montagnes, quelques « citoyennes » plus hardies ou plus exaltées que leurs compagnes. En somme nous n'avons pas eu, chez nous de *Femmes en culottes*.

Les populations des Vosges n'ont pas l'enthousiasme facile : froides, réservées, peu communicatives, elles se ressentent un peu de l'apreté du climat et de la rudesse de la terre. L'imagination, chez elles, n'est pas la folle du logis. Aussi, ne trouvons-nous rien ici qui ressemble, même de très loin, à ce que vient de nous révéler une communication faite au Comité des Travaux historiques et scientifiques, dans sa séance du 7 juillet 1902, et publiée dans le *Bulletin historique et philologique* (pp. 500-530) de cette même année.

Au mois d'août 1791, les citoyennes patriotes de la ville de Ruffec (Charente), désirant donner des preuves de leur amour pour la patrie, se formèrent en Société sous la dénomination d'*Amies des vrais amis de la Constitution*. Le lieu des

réunions fut « en la ci-devant église des Capucins ». A la première séance, qui se tint le 7 août, les *Amies,* ou plutôt les « sœurs » comme elles s'appelèrent entr'elles, nommèrent la présidente et la secrétaire, puis « quelqu'une des sœurs
« ayant observé qu'il serait de nécessité
« d'avoir parmi elles un frère pour être
« adjoint à la sœur secrétaire, afin de ré-
« diger les procès-verbaux, et faire enfin
« toutes les écritures qu'il sera utile de
« faire dans la société, l'assemblée ayant
« unanimement adopté cette proposition,
« le frère Pinoteau a été nommé et
« choisi. »

Toutes les sœurs ont ensuite prêté serment individuellement. La formule de ce serment était ainsi conçue :

« Je jure d'être fidèle à la Nation et à
« la Loi, de maintenir de tout mon pou-
« voir la Constitution décrétée par l'As-
« semblée nationale et acceptée, de veil-
« ler à la tranquillité publique, de dénon-
« cer tous les ennemis connus de la so-
« ciété, d'élever nos enfants dans l'esprit

« de la Constitution, de ne jamais souf-
« frir qu'aucune patriote soit insultée ni
« provoquée pour cause de ses opinions. »

Les filles à marier ajoutaient à ce serment celui de n'accorder leur main et leur cœur qu'à ceux qui seront dans les vrais principes de la Constitution.

La Société des *Vraies amies des Amis* se fit aussitôt affilier à celle de leurs *Amis et frères*, ce qui donna lieu à des congratulations réciproques dans ce style sentimental et ampoulé qui était alors de mode et qui nous fait aujourd'hui si fort sourire.

Elles étaient au nombre de 240, ces *vraies amies* ; ce qui n'était pas peu de chose pour un petit chef-lieu de district, et comme les séances se tenaient deux fois par semaine, le dimanche et le jeudi, et qu'entre temps il leur fallait faire la police, veiller à la tranquillité publique, rechercher pour les dénoncer ensuite les mauvais citoyens, enfin se défendre mutuellement contre les méchantes langues, il est permis de se demander quand et comment elles pouvaient conduire leur ménage, soigner le pot-au-feu, éduquer les enfants, raccommoder les bas et les chaussettes de la famille etc.

Les séances étaient publiques ; cela permettait à chacun d'aller se désopiler la rate en écoutant des discours aussi curieux qu'excentriques. Aucune des *sœurs* ne pouvait y venir sans avoir un signe de la Liberté, soit un ruban ou une cocarde nationale. Il était interdit à celles qui avaient des petits enfants de les introduire dans le sein de l'Assemblée ; il n'y aurait plus fallu que cela !...

Ces dames et demoiselles prêchaient à qui mieux mieux, la sage-femme, la perruquière et la maîtresse d'école surtout ; elles plaidaient déjà la cause du *Féminisme* avec autant d'ardeur et d'entrain que le faisait naguère encore « la Fronde », journal quotidien dirigé par une femme, rédigé et imprimé entièrement par des femmes.

C'est qu'elles n'étaient pas peu prétentieuses, les *Amies des vrais Amis* ! Ecou-

tez plutôt la Présidente : « Sœurs et
« Amies, Les vertus et la douceur, les ti-
« tres d'épouse et de mère donnent, com-
« me vous le savez, à notre sexe un em-
« pire sur nos époux et nos enfants, au-
« quel ils ne peuvent, quelque soit leur
« caractère, se soustraire ; aussi, quoique
« les femmes paraissent prendre peu de
« part à la cause publique, dans tous les
« temps leurs faibles mains ont tenu le
« destin de l'univers ; leurs volontés,
« leurs désirs ou leur caprices ont fait la
« guerre ou la paix : trop d'exemples au
« siècle passé et présent vous en sont
« connus pour que j'aie besoin de vous
« en rapporter. Et qui de nous ne croit à
« ce droit et ne l'exerce ? »

A la suite de cette harangue, dont nous ne donnons que l'exorde, la Société adopta pour devise : *Vertus et Liberté, ou la mort.*

Nous ne pouvons qu'effleurer cet incident révolutionnaire et feuilleter le curieux registre des procès-verbaux de cette Société féminine que dans le seul but de montrer quel était l'état d'esprit des « Jacobines » de cette époque. Cependant, nous ne résistons pas au plaisir de reproduire quelques passages du discours qu'un frère et ami prononça à la séance du 6 mars 1792 :

Sœur présidente, mes sœurs ! Il est enfin déchiré le voile épais que la calomnie avait osé jeter sur la pureté de vos intentions ; le voilà coupé le fil de cette odieuse trame que l'on ourdissait pour présenter au tribunal de l'opinion publique vos principes sous les couleurs les plus noires, en annonçant à haute voix la dissolution de votre société... Les voilà enfin arrivés ces jours de fortune, ces jours depuis longtemps attendus où chacune de vous, mes sœurs, viendra à l'envi rendre dans ce sanctuaire l'hommage le plus ardent à la chose publique, où chacune apportera son tribut de réflexions patriotiques, où du choc des opinions il naîtra une nouvelle (sic) éclatante qui dévoilera l'imposture et montrera au grand jour les ennemis d'une Constitution que vous chérissez et que vous allez faire chérir. La patrie, éplorée du silence que vous avez gardé pendant longtemps, va bannir sa crainte et trouvera en vous ses plus fermes appuis. Votre assiduité aux séances, votre zèle à délibérer sur les intérêts les plus sacrés de l'Etat, votre activité à découvrir nos ennemis secrets, votre ardeur à les poursuivre, seront le paradium (l'orateur voulait sans doute dire le *palladium*) de la liberté. Oui, la nouvelle de la reprise de vos séances, en redoublant notre courage, va porter l'épouvante dans tous les cœurs gangrenés d'aristocratie. Les poignards qu'aiguise en secret le fanatisme tomberont des mains sacrilèges des scélérats qui se feraient une jouissance de pouvoir un jour les plonger dans les seins les plus vertueux ; et vous déjouerez les complots barbares de ces inhumains qui, sans rougir, fomentent une guerre cruelle qui armerait le père contre le fils, la mère contre la fille, le frère contre le frère et qui grossirait nos rivières des ruisseaux de sang qu'elle répandrait dans toutes les familles. Ah ! mes sœurs, tirons, tirons, tirons le rideau sur ces scènes d'horreur ! votre sensibilité serait trop émue si je vous présentais le tableau sous ses vrais couleurs ! Grand Dieu ! de quels maux la terre serait affligée ! Aussi, mes sœurs, pour déjouer ces odieux projets formés dans les antres de l'iniquité, vous allez faire usage des grands moyens qui sont en votre puissance.

Ici le frère orateur devient de plus en plus pathétique ; son cœur sensible cher-

che à toucher des cœurs non moins sensibles. Il devient envers ses sœurs d'une galanterie telle qu'il ne nous est plus possible de continuer notre citation d'une manière textuelle. Il s'adresse « aux tendres épouses, qui animeront du feu divin de la liberté les cœurs qu'elles surent si bien enflammer » ; puis, aux jeunes personnes, leur disant, les yeux en coulisse :
« Et vous sexe enchanteur, sexe char-
« mant, vous, mes sœurs, qui, dans le
« sein d'un époux chéri ne pouvez encore
« épancher vos cœurs, vous déclarerez à
« l'aristocrate orgueilleux qui oserait vou-
« loir unir ses destinées aux vôtres, vous
« lui déclarerez que vos principes opposés
« aux siens l'éloignent pour toujours de
« ces prétentions... »

Quel bagout ! quel pathos !... Que dites-vous de ce style pompeusement déclamatoire, de ces tirades emphatiques, pleines d'un sentimentalisme aussi exagéré que cocasse ?

Que Dieu nous préserve de jamais revoir de si drôles de choses, des comédies aussi burlesques ! Que le beau sexe reste donc ce qu'il doit être, et laisse au sexe laid le droit de politiquer tout à son aise et plus ou moins raisonnablement.

Dans tous les cas, cet essai de *féminisme* ne réussit pas. Les femmes de Ruffec, renonçant à devenir l'égale absolue de l'homme en matière politique et sociale, écœurées peut-être aussi du rôle grotesque qu'on leur faisait jouer, revinrent à de meilleurs sentiments. Les assemblées, de moins en moins nombreuses, furent plus rares ; elles cessèrent même pendant tout l'hiver, pour ne reprendre qu'au mois de mars, et ce fut alors que le frère Huet leur fit ce discours sublime dont nous avons donné un échantillon. Mais cela ne marcha plus que cahin-caha : C'était bel et bien la fin. Au milieu de mai 1792, au moment où tout semble renaître, où tout prend une nouvelle vigueur, ces dames réintégrèrent le foyer domestique, rendirent les pantalons à qui de droit, et, par une inconséquence de langage véritablement incompréhensible, les hommes qui les avaient remis prirent désormais le nom de *Sans-culottes*.

Lafeschotte, Septembre 1903.

A PROPOS D'UNE VIEILLE CHANSON

LES LOUPS-GAROUS

La croyance aux loups-garous est une des plus anciennes, des plus populaires et des plus répandues. On la trouve en effet, un peu partout, avec quelques modifications suivant les pays, mais, au fond, provenant toujours de l'une des erreurs les plus profondément enracinées dans la crédulité du peuple, celle qui concerne les métamorphoses de l'homme en loup ou en autre bête féroce.

Voici, d'après la *Romania* (1874, p. 151), la définition du loup-garou : « C'est un homme qui rôde la nuit transformé en loup. » C'est un peu court et pas très explicite. J'aime mieux celle que donne

Collin de Plancy dans son *Dictionnaire infernal* : « On appelle loups-garous, en sorcellerie, les hommes et les femmes qui ont été métamorphosés ou qui se métamorphosent ou se transmuent eux-mêmes en loup, ou qui se travestissent pour feindre cette transmutation, ou qui, s'imaginant par une démence abominable, qu'ils sont changés en loups, prennent des habitudes et des mœurs de loups. »

Dans le premier cas, ce sont de véritables sorciers, voués au diable ; dans le second, des mauvais garnements qui, voulant faire des farces ou des friponneries, mettent les gens en fuite en se faisant passer pour loup-garou ; dans le troisième de malheureux somnambules ou de pauvres aliénés, atteints de cette maladie appelée *lycanthropie*. De toutes manières, il fallait s'en *garer*, d'où le nom qu'on leur a donné.

On verra tout-à-l'heure combien est puérile cette étymologie, qui relève plutôt de la science philologique.

Mais pourquoi, dans ces transformations, le loup joue-t-il le principal rôle, presque le seul ? Chez les anciens Germains et les peuples Scandinaves, le diable ou le principe du mal, l'esprit malin *(der bœse Feind)*, était représenté par un loup énorme à la gueule béante. C'était *Loke* en Germanie et *Ulfr* en Norvège. D'un autre côté, en Grèce, cet animal était aussi un objet d'effroi. On connait l'antique légende de Lycaon, fils de Phorénée, roi d'Arcadie. Il bâtit sur les montagnes la ville de Lycosure, la plus ancienne de toute la Grèce. D'une cruauté féroce, il faisait mourir, pour les manger, tous les étrangers qui passaient dans ses états. Jupiter lui-même, un jour qu'il voyageait *incognito* et était son hôte, faillit devenir la proie de ce terrible amateur de chair humaine. Le Père des Dieux, irrité — et il y avait de quoi, — brûla le palais royal et changea Lycaon en loup. C'est sans doute le plus ancien loup-garou.

Du Nord au Midi, cette bête sauvage fut celle qui causa le plus d'épouvante aux populations des campagnes. Elle devint la bête diabolique, la bête maudite, la *bête* en un mot et sans épithète ; et le cerveau du paysan, apeuré au milieu du brouillard de la nuit, eût bien vite fait d'enfanter le loup-garou, rôdant dans les bois, traversant villages et hameaux en hurlant et en jetant partout la frayeur.

Cet ennemi acharné des troupeaux, contre les déprédations duquel il était si difficile de se garantir, surtout dans les temps anciens, ce voleur aussi cruel que rusé qui, effrontément, venait jusque sous les yeux du berger, ravir un mouton, ne pouvait être comparé qu'à un fieffé bandit. Aussi l'imagerie populaire l'a-t-elle représenté sous la figure d'un chef de brigands calabrais ou catalans, la ceinture bourrée de pistolets et de poignards, et muni du tromblon de Fradiavolo ou de la carabine de Gastibelza.

Cette figuration était d'autant plus vraie que, d'après la doctrine de la métempsycose, les âmes prenaient des formes de corps d'animaux analogues au genre de péché qu'elles avaient commis. C'est ainsi

que les tyrans, les brigands, les assassins,
puisqu'ils se sont conduits pendant leur
vie comme des loups, seront tourmentés,
après leur mort. sous ces mêmes formes.
Telle est l'opinion d'un vieil auteur alsacien, Moscherosch, qui l'a consignée dans
un livre imprimé à Strasbourg en 1656.

Auguste Stœber, dans son *Etude my-
thologique des Animaux-fantômes de
l'Alsace*, dit que le loup, considéré comme
en puissance du diable, n'existe pour ainsi
dire pas en Alsace. Au contraire, Grimm,
dans sa *Mythologie allemande*, en parle
comme d'un ravisseur d'âmes, friand et
avide de chair fraîche, apparaissant principalement dans la nuit de Noël. En Suè-
de, il s'appelle Warulf ; chez les anciens
Francs Warou, plus tard *loup-garou*, et
le *Marolf*, qui épouvante tant les enfants
à Mulhouse, pourrait bien en être une
survivance.

⁎⁎

Les paysans voyaient le loup partout,
et une foule de locutions en font foi. Ils
le voyaient surtout à la tombée du jour, à

travers la brume d'automne, ou la nuit, par les clairs de lune, alors que les formes indécises et troubles semblent grandir et devenir bizarres et fantastiques. C'est alors que des imaginations, superstitieuses et affolées par la terreur, conçurent ces histoires de loups-garous, de bigournes, de galipotes, de leberous ou loups-bérous, et de guilledous. On dit d'un rôdeur de nuit, d'un noctambule en quête de bonnes fortunes, qu'il court le *guilledou*. Ce mot, serait, d'après Ch. Dangibeaud (*Revue de Saintonge et d'Aunis*, 1903, p. 309), « un terme mythique du paganisme germanique qui signifie un homme qui se transforme en loup depuis le coucher du soleil ».

On croyait fermement que les sorciers ne se faisaient loups que par l'assistance du diable. Un loup-garou est donc un sorcier que le diable lui-même transforme en loup et qu'il oblige à errer dans les campagnes en poussant d'affreux hurlements.

Les loups-garous sont plus ou moins malfaisants. En Béarn, en Saintonge, en

Bretagne, ils semblent assez débonnaires. Gautier les présente même, dans sa *Charente-Inférieure avant l'histoire* (p. 133), plutôt comme des victimes subissant une force surnaturelle à laquelle elles ne peuvent se soustraire. « Certains individus, dit-il, sont forcés, au temps de la pleine lune, de se transformer en cette espèce de *bête diabolique*. Le mal les prend toujours la nuit ; lorsqu'ils en sentent les approches, ils s'agitent, sortent de leur lit, sautent par la fenêtre et vont se précipiter dans une fontaine ou dans un puits, d'où ils sortent quelques instants après revêtus d'une peau blanche ou noire que le diable leur a donnée. Dans cet état, ils marchent *très bien à quatre pattes*, passent la nuit à courir les champs et à hurler dans chaque village qu'ils traversent. A l'approche du jour, ils reviennent à la fontaine, y déposent leur enveloppe et rentrent chez eux où ils tombent souvent malades de fatigue. »

Dans le Poitou, les loups-garous étaient très-communs ; on les y appelait la bête bigourne qui court la galipote. Quand on entend leurs hurlements, ce qui n'arrive qu'au milieu de la nuit, il faut bien se garder de se mettre à la fenêtre parce qu'on aurait le cou tordu.

On prétend, dans la Saintonge, que la peau des loups-garous est d'une extraordinaire dureté. Les balles n'y peuvent rien, à moins qu'elles n'aient été bénites à certaines heures de la nuit, dans une chapelle dédiée à saint Hubert : alors le sorcier peut-être tué, et la forme de la bête qu'il avait prise s'évanouit et disparait. Mais les cérémonies mystérieuses de la bénédiction des balles sont difficiles à accomplir ; le Rituel en est fort compliqué, il faut choisir le moment propice, opérer dans des conditions spéciales, et avoir sur soi, sans le savoir, des herbes magiques, du trèfle à quatre feuilles surtout. Ces croyances se rapprochent singulièrement de celles des peuples du Nord et sont nées aux mêmes sources que la légende de *Robin-des-Bois*, dont nous connaissons le fantastique passage relatif à la fonte des balles enchantées.

Dans toutes les provinces de France, il est question de loups-garous. Dans ma jeunesse, j'en ai entendu parler par des gens qui prétendaient en avoir aperçu. Il y en avait eu un à Belfort, dont les promenades nocturnes effrayaient les gens des faubourgs, car il ne pouvait pénétrer en ville, les deux portes de France et de Brisach étant fermées de 10 heures du soir à 4 heures du matin. Il n'en serait plus ainsi de nos jours puisque les vieilles fortifications de Vauban sont à moitié rasées.

On connaît aussi les loups-garous dans les Vosges. Pour nos montagnards lorrains, ce sont également des sorciers et des sorcières qui se changent en loup. La nuit, ils jettent l'épouvante dans les troupeaux et s'emparent des plus belles têtes de bétail. Comme leur peau est à l'épreuve de la balle, on ne peut guère songer à les tuer. Il ne reste donc aux pauvres bergers de la plaine et aux pâtres de la montagne d'autres moyens, pour les éloigner et s'en débarrasser, que de faire la conjuration magique de la *garde* en récitant l'*Oraison ou Patenôtre du Loup*, ou d'adresser dévotement à sainte Geneviève, patronne et gardienne des troupeaux, une prière *ad hoc*.

Le changement d'homme en loup s'opère communément à l'aide d'une ceinture magique. Mais Sauvé, dans son ouvrage sur le *Folk-lore des Hautes-Vosges* (p. 177), raconte une terrifiante histoire qui montre tout le danger qu'il y a à se servir de ces ceintures ensorcelées.

⁂

L'existence des loups-garous est attestée par Virgile, Solin, Strabon, Pomponius Mela, Dyonisius Afer, Varron. C'est Pline le Naturaliste qui a recueilli l'histoire de Lycaon. Jean Bodin, dans sa *Démonomanie des Sorciers* parue en 1501 ; Pierre Delancre, conseiller du Roi au Parlement de Bordeaux, dans le quatrième livre de son *Tableau de l'inconstance des mauvais anges et démons*, paru en 1612; Daniel Sennert, célèbre médecin allemand, au Chap. V de ses *Maladies occultes*, et une foule d'autres jurisconsultes et démonographes du Moyen-Age, de la Renaissance et des temps modernes ont écrit sur les loups-garous, auxquels ils croyaient. Sigismond, empereur d'Allemagne et roi des Romains, fit débattre devant lui la question qui les concerne, et il fut unanimement résolu que la transformation des loups-garous était un fait positif et constant.

J'ai parlé plus haut de l'imagerie populaire. L'iconographie chrétienne n'a eu garde d'oublier le loup-garou, et les *imagiers* ou sculpteurs du moyen-âge l'ont plusieurs fois représenté sur des chapiteaux d'église à l'époque romane. La vieille légende arcadienne s'était-elle propagée dans la Gaule par le Midi, qui était grec, et répandue, par voie orale, en Aquitaine et ailleurs? On ne peut faire à ce sujet que des hypothèses. Le fait est que, chez les populations superstitieuses et crédules, celles des campagnes principalement, les croyances au *métamorphisme* du loup étaient extrêmement répandues et fortement enracinées. On peut s'en convaincre en voyant tout ce qui en est resté dans le langage vulgaire : c'est ainsi que l'on dit d'un homme insociable et taciturne, qu'il est un vrai loup-garou. Combien de femmes se plaignent d'avoir des loups-garous pour maris. Voyez dans le *Dictionnaire de la Langue française* de Littré les nombreuses locutions familières qui montrent combien la préoccupation du loup tenait de place dans l'imagination de nos ancêtres.

Il y a encore bien d'autres histoires sur ce diabolique sujet. Mais à quoi bon les raconter, on n'y croirait pas. Le scepticisme a tout envahi par ce temps de vapeur et d'électricité. On ne croit plus qu'à la puissance de l'argent. Avouons cependant, pour rester dans le vrai, qu'au Moyen-Age on mettait un peu trop le diable partout et qu'on en abusait singulièrement. Que de malheureux somnambules, que de pauvres hallucinés ont passé pour être possédés de l'esprit malin !...

**

Donc, nous ne pouvons plus croire, au XXᵉ siècle, qu'à ces sortes de loups-garous, farceurs de village plutôt que fripons, qui veulent effrayer les personnes crédules et rire un bon coup en faisant « la bête ». Le jeune Lucas fut un de ceux-là. Je demande la permission de dire le tour, aussi ingénieux que hardi, qu'il fit pendant une nuit noire, et qu'à transmis à la postérité une ancienne chanson, qui datait bien du temps du roi Louis XV et que j'ai entendu chanter jadis à Belfort par ma bonne vieille grand'mère :

LUCAS ET BABET

I

De Babet la mère a soin
D'empêcher les feux de naître,
Quand l'amour vient à paraître
L'artifice n'est pas loin.
Lucas un tour imagine :
« Pour la minuit, » dit-il tout bas,
Si bas que Babet n'entend pas,
Mais son cœur le devine.

II

Arrive l'instant promis,
C'est l'heure de la veillée,

Triste et paisible assemblée
Où nul garçon n'est admis ;
On file, on coud, on se presse
Les vieilles, pour passer leur temps,
Parlent de loups, de revenants ;
Les jeunes de leur tendresse

III

Soudain un long hurlement
Perce dans la nuit obscure,
Et dans la sombre masure
Un loup entre en se trainant.
On fuit la bête cruelle,
Babet l'approche d'un air serein
Pensant que le monstre inhumain
Ne le serait pas pour elle.

IV

Suzon, sa petite sœur,
Qui, pour le moins, la croit morte,
Pour regarder par la porte
S'approche en tremblant de peur.
« Ah ! maman, l'effroi me glace.
« Si nous n'allons la secourir,
« Ma sœur Babet va mourir...
« Voilà le loup qui l'embrasse !...

Lucas, en amoureux adroit et rusé, avait trouvé le joint, comme l'on dit, pour se procurer un rendez-vous, que des parents trop rigides lui refusaient obstinément. Sa transformation en loup-garou ne lui fut ni pénible ni coûteuse. Plût à Dieu que tous ceux du bon vieux temps lui eussent ressemblés !

Dans tous les cas, mon avis est que la chanson de *Lucas et Babet* valait la peine d'être conservée, et qu'à ce moment où les études folkloristes sont en si grande faveur, il convenait de la recueillir et de la publier. Seulement, je prie les lecteurs de la *Chronique* de vouloir m'excuser de l'avoir fait précéder, en guise d'introduction, d'une dissertation, peut-être un peu longue, sur les loups-garous en général.

Fesches-le-Châtel, 10 novembre 1903.

Les Finances de la Ville de Saint-Dié

PENDANT LA RÉVOLUTION

Il est curieux de pouvoir comparer les budgets d'une ville, c'est-à-dire l'état de leurs recettes et dépenses à diverses époques. De cette manière, on se rend bien mieux compte des changements qui se sont successivement opérés dans son administration, ainsi que des modifications qui ont eu lieu dans la manière d'être de ses habitants, dans leurs progrès matériels et intellectuels ; on peut même ajouter dans leur moralité. Considéré sous ce rapport, un budget devient comme un miroir de la vie municipale.

Ce sont donc des documents que l'on doit connaître. S'ils n'ont pas pour beaucoup de gens l'intérêt dramatique de certains récits historiques, ils sont pour d'autres une source de renseignements d'ordre économique et il convient de les étudier aussi.

Voici l'état financier de notre ville pour l'année 1792, mais disons d'abord comment était alors composée la Municipalité : Julien Souhait, *maire,* (réélu le 13 novembre 1791), Nicolas Sautre, Jean-Baptiste Héré, J. Lhôte, Jean-Nic. Demontzey, Gérard, Étienne, J. Simon et Nic. Bareth, *officiers municipaux.*

La population de la commune était d'environ 6.000 habitants, se décomposant ainsi : 2.500 tant hommes que femmes, 3.000 enfants et jeunes gens des deux sexes au-dessous de 25 ans, et 500 domestiques.

La subsistance nécessaire à cette population pouvait se monter à peu près à 13.500 rézaux de grains, à raison de 3 rézaux par année pour chaque individu formé et 1 ou 2 pour chaque enfant, le fort portant le faible. Les deux tiers de cette consommation sont en blé, l'autre tiers en seigle.

La mesure locale est la *zette*. Il en faut huit pour un *rézal*. Le rézal pèse communément 180 livres et produit 200 livres de pain ; le seigle 160 livres, et 170 livres de pain ; et l'avoine 140 livres.

Les dépenses ordinaires de la ville se montaient à cette époque (fin avril 1792) à la somme de 7.852 francs, répartie de la manière suivante :

Gages du secrétaire greffier	600
— du médecin stipendié	154
— du chirurgien, id.	116
— du régent de langue latine	78
— du concierge	48
— des sergents de police	480
— des gardes forestiers	464
— des visiteurs jurés	78
— des bangards (gardes champêtres)	384
— des pompiers	144
— du maître-fontainier	120
Contribution à l'hôpital des Enfants trouvés	150
Dépenses relatives aux passages de troupes, environ	120
A reporter	2.936

Report.....	2.936
Supplément aux fonds des écoles..	360
Hallage de Raon et de Rambervillers	24
Entretien de la maison commune et autres bâtiments communaux...	400
Entretien des corps de fontaines, clayonnages, vannes, quais, écluses et arc-boutants............	400
Entretien des chambres et bassins des fontaines, perçages et voiturages des corps	200
Chauffage de la Maison commune et autres établissements publics.	300
Entretien des pavés.............	400
Entretien des ponts et ponceaux et chemins ruraux...............	300
Frais de saillie.................	200
Dépenses relatives à la garde nationale	600
Ramonage des cheminées des maisons à la charge de la commune.	30
Enlèvement des boues...........	42
Contribution foncière...........	240
Entretien des pompes, sceaux, et	
A reporter.....	6.432

Report..... 6.432
instruments nécessaires aux incendies...................... 120
Frais de perception des contributions foncière et mobilière...... 400
Accidents imprévus.............. 600
Frais de bureau................. 300
Total..... 7.852

Telles étaient les dépenses *ordinaires* de la commune. Mais il y en avait d'autres, plus ou moins pressantes, que l'on pouvait qualifier d'*extraordinaires*, dont le besoin se faisait depuis longtemps sentir, et qui n'avaient pu être faites faute d'argent. C'est ainsi qu'il y avait urgence à reconstruire le grand escalier de la Maison commnne, d'y refaire des cheminées, de la meubler d'une façon plus confortable, ce qui était évalué à une dépense de 4.800 francs. La construction d'une boucherie était indispensable, celle qui existait occupant des hangards situés dans un endroit dangereux pour la circulation. On évaluait ces travaux à 12.000 francs.

Il en fallait 14.400 pour le pavage de

diverses rues, 800 pour construire deux lavoirs en bois dans les deux gros quartiers de *La Derrière* et de *Saint-Martin* ; 4.800 pour une grande écurie le long du mur du jardin du séminaire (Palais de Justice et Hôtel de la sous-préfecture actuels) pour servir de supplément à celles que les habitants fournissent lors du passage de troupes, très fréquents à Saint-Dié, ville d'étape.

La question des fontaines publiques préoccupait déjà l'administration municipale et on évaluait à 3.600 francs la dépense qu'il fallait faire pour construire des fontaines en différents endroits et opérer la jonction des sources qui se trouvent derrière les Pierres Saint-Martin à celles qui alimentaient la ville et étaient insuffisantes.

En résumé, ces dépenses *extraordinaires* se montaient à 40.500 francs environ.

**

Comme *revenus*, la commune de Saint-Dié possédait d'assez nombreuses propriétés, en immeubles, en terrains et surtout en forêts.

C'étaient les forêts qui formaient incontestablement la plus grande richesse de la ville. Malheureusement, elles étaient mal administrées et les ventes extraordinaires que l'on y avait faites en vertu d'un arrêt du Conseil du 26 décembre 1780, provoqué par les officiers de police de l'ancien Régime, y avaient causé des ravages extrêmement considérables en les mettant presqu'à « blanc et toc » par une coupe de 6.000 sapins et de tous les bois de chauffage répandus sur presque toute leur superficie.

Les terrains communaux s'étendaient également sur une grande surface (environ 1900 jours). La partie la plus étendue occupait des côteaux pierreux, couverts de roches et de crassin, abandonnés au repos pour l'exercice beaucoup plus que pour le pâturage du bétail. Une autre portion, celle que l'on appelle encore de nos jours *les Pâquis*, et située sur la rive gauche de la Meurthe, en amont de la ville, était à cette époque livrée à tous les caprices de cette rivière qui la dévastait, la déchirait ou la couvrait de grève, surtout au moment de la fonte des neiges. Enfin une troisième portion de terrains, était divisée entre tous les habitants pauvres qui les cultivaient, malgré la qualité très médiocre de la terre.

A ce propos, je crois devoir citer un passage du *Registre du Conseil général de la commune de Saint-Dié n° 19*, auquel j'emprunte ces détails. Ils me semblent très suggestifs et montrent le bon sens de nos aïeux et le patriotisme qui les animait.
« Cependant cette culture, toute stérile
« qu'elle soit, entretient le goût du travail
« dans cette classe de citoyens dont la
« misère tourmente continuellement l'exis-
« tence et sans lequel elle serait encore
« plus accablante. Elle entretient de plus
« en eux cet amour de la patrie, qui naît
« pour l'ordinaire de celui des propriétés,
« et que partage rarement, à moins d'une
« grande vertu, l'être isolé qui n'y tient
« que par le sentiment de son existence
« fragile et douloureuse. Ainsi, sous ce
« double point de vue moral, il importe

« de conserver les terrains communaux,
« qu'attaquent malheureusement des hom-
« mes célèbres avec des intentions pures,
« mais sûrement impolitiques et contraires
« au bien public, car, en supposant que
« le trésor national indemniserait, par
« des secours trop casuels, l'indigent qui
« trouve sa consolation et la plus douce
« partie de sa subsistance dans la culture
« des terrains communaux, l'Etat ne le
« serait jamais de la perte et des inconvé-
« niens qui résulteraient de l'inaction ou
« de l'indifférence pour la patrie d'une
« nombreuse classe de citoyens. »

Après cette citation assez curieuse, revenons aux autres biens communaux. D'abord, il y avait l'édifice public dans lequel la Municipalité, le Directoire du district et le tribunal étaient installés. Il y avait ensuite 1° la maison de la place Stanislas (act. maison du Dr Rousselot), où logeaient les Sœurs de la charité ou *Sœurs de bouillon*. Elle était évaluée à la somme de 6000 livres. — 2° sur la même place, la maison, actuellement à M. Philippe

Baldensperger, où résidaient les Frères de la Doctrine chrétienne, et où demeuraient, à cette époque, le régent et les sous-maîtres qui venaient de leur être substitués. Estimée 7200 livres. — 3º Une maison située rue de l'Hôpital (rue Saint-Charles), servant autrefois de maison d'école, et qui valait 1540 livres. — 4º Une autre, vis-à-vis de la fontaine du quartier de *la Derrière* (rue Concorde et rue de l'Orient), bâtie aux frais de la ville pour servir de maison d'école aux petites filles et de logement aux Sœurs de la Doctrine chrétienne. On la trouvait alors belle et spacieuse, et comme elle venait d'être réparée, elle pouvait valoir 8000 livres. — 5º Une maison située à côté de l'église Saint-Martin (ancien presbytère, auj. au Dr Rouis), où était logé, en 1792, l'abbé Marchal, premier vicaire épiscopal ; évaluée à 4800 livres.

La ville avait également des droits sur la maison dite de la Halle, sise rue Royale (auj. rue Thiers, 31).

Il fallait encore compter à l'actif de la

ville un certain nombre de créances sur l'Administration générale des Domaines, le trésor public et le directoire du district, dont le total était d'environ 36100 livres.

Ce budget, fait aussi exactement que la précipitation avec laquelle on l'avait exigé, n'était pas d'une rigoureuse exactitude, mais tel quel, il indique ce qu'étaient, au début de la période révolutionnaire, les finances de la ville de Saint-Dié. Il montre ensuite, l'intérêt qu'il y aurait à entreprendre, sur cette matière, un travail d'ensemble pour laquelle la présente étude pourrait servir de point de comparaison et de jalon.

Les questions de ce genre relèvent des sciences économiques et sociales et figurent toujours, en assez grand nombre, dans les Programmes des Congrès annuels des Sociétés Savantes de Paris et des départements.

Fesches-le-Châtel, 5 décembre 1903.

LES DERNIERS JOURS

DE

L'ARMÉE DE L'EST

25 JANVIER -- 3 FÉVRIER 1871

Ceux qui ont vécu les terribles moments de 1870-71 se souviennent et n'oublieront jamais, dûssent-ils vivre encore cent ans, la fin navrante de la malheureuse Armée de l'Est. Victorieuse à Villersexel et, quelques jours après, vaincue à Héricourt, poursuivie par les Allemands, refoulée à la frontière, elle n'eut d'autre ressource, afin de sauver ses débris, que d'entrer en Suisse pour demander une hospitalité qui fut fraternelle et généreuse.

Nous venons de lire ce dramatique épisode de la Guerre, raconté dans une petite feuille éditée à Porrentruy : le *Jura du Dimanche*. Ce récit, paru il y a quelques années, et dont l'auteur est un pasteur de Moutier-Grandval, M. E. Krieg, est des plus exacts et des plus émouvants. Il est intitulé : *Il y a 25 ans ; Notes au jour le jour sur le rôle de la Suisse pendant la guerre de 1870-1871.*

Comme cette feuille, supplément littéraire du journal politique le *Jura*, n'est pour ainsi dire pas connue en France, si ce n'est par les Suisses qui habitent les parties des départements du Haut-Rhin et du Doubs contiguës aux districts de Porrentruy, des Franches-Montagnes et de Bienne, nous pensons intéressant de résumer, d'après les notes du pasteur de Grandval, quelques faits qui se rattachent plus particulièrement aux dernières journées de la retraite de notre pauvre armée.

I

On sait que, dès le jour de la déclaration de la guerre, la Suisse, consciente du danger qu'elle courait et voulant à tout prix garder sa neutralité, s'apprêta à défendre son territoire. Du reste, elle était prête. Son armée était de plus de cent mille hommes, bien équipés, bien armés, et soutenus par une landwehr comptant à peu près cent mille hommes aussi. La mobilisation commencée aussitôt, cinq divisions furent d'abord mises sur pied et allèrent occuper la frontière de Bâle à Bienne ; elles étaient pleines d'enthousiasme, mais le chef manquait encore. Ce fut le 19 juillet que l'Assemblée fédérale nomma comme général en chef le colonel Hans Herzog, d'Aarau.

La Suisse est sous les armes, prête à faire respecter sa neutralité. Du hameau le plus reculé des montagnes comme du faubourg des villes les plus peuplées, les hommes viennent, calmes et résolus ; sans un cri, sans un murmure, ils vont, aux lieux qui leur sont assignés, s'échelonner le long des limites de la Suisse et de la France, et attendre que les évènements se succèdent. Rien ne vient pendant longtemps troubler leur quiétude. Mais, lorsqu'au mois de novembre, les Prussiens arrivèrent sous les murs de Belfort et se répandirent dans les environs, il fallut devenir attentif, car une violation de territoire pouvait avoir lieu d'une minute à l'autre.

Nous passons sur toute cette partie du récit de M. Krieg, pour arriver au moment où l'armée de l'Est, sous la conduite du général Bourbaki, allait porter le théâtre de la guerre sur les confins même de la Suisse, dans les vallées et les gorges profondes et jusque sur les hauts plateaux du Jura.

Nous sommes dans les premiers jours de janvier 1871. La situation devient de plus en plus grave. Toutes les garnisons allemandes d'Alsace, sauf celle de Strasbourg, ont été dirigées sur Belfort, tandis que les ennemis avancent vers le Sud-Est, dans l'intention d'intercepter les lignes de communication du général Bourbaki et de lui fermer la retraite vers le Sud. L'Armée de l'Est, acculée contre la chaîne du Jura, va être bientôt comme prise dans une vaste souricière, car les opérations se font avec précision et rapidité, sous les ordres du général de Manteuffel.

Bourbaki, de son côté, voulait débloquer Belfort, et son plan était habilement conçu. Malheureusement, les moyens de transport et les provisions manquaient ; la saison était d'une rigueur extraordinaire, et les soldats, mal équipés et plus mal nourris, commençaient à être exténués.

Après les désastreuses journées des 15, 16 et 17 janvier et l'échec définitif de nos troupes, le général Bourbaki ordonna la retraite sur Besançon. Mais l'Etat-major prussien ne perdait pas de vue l'Armée de l'Est. Le 20, Manteuffel était à Gray, le 21, il poussait son armée vers le Doubs, et le lendemain, il tenait les deux rives de la rivière, précisément au moment où Bourbaki arrivait à Besançon. Pour comble de malheur, on n'y trouva pas de vivres.

II

A partir du 19 janvier, la frontière du Jura bernois n'eut plus besoin d'être aussi fortement gardée. C'était au tour du canton de Neuchâtel d'organiser la défense des trois districts de la Chaux-de-Fonds, du Locle et du Val-de-Travers. En effet, l'Armée de l'Est, poursuivie sans une minute de répit, harcelée, décimée par le froid et la misère, combattant tout le long de la route avec un ennemi infatigable, descendait en désordre dans la direction de Pontarlier.

Les Allemands avaient passé le Doubs pour fermer la retraite au général Bourbaki. Le temps, si beau au commencement du mois, était affreux maintenant et le dégel complet ; des torrents de pluie mêlée de neige détrempaient les routes et empêchaient d'établir des campements et de cuire les aliments. Nos troupes étaient abîmées de fatigues et de privations. On sentait que la catastrophe était proche...

Au 24 janvier, toute la ligne du Doubs, Besançon excepté, était au pouvoir de l'ennemi. Les routes de Pontarlier et de Morteau étaient seules ouvertes ; Lons-le-Saunier se trouvait menacé par des colonnes allemandes. Le plan de Manteuffel allait réussir. Pendant ce temps, le Lomont, chaîne de montagnes courant parallèlement au Doubs et qui défend l'accès du plateau, venait d'être abandonné par des mobilisés. Bourbaki, se voyant dans l'impossibilité absolue de pouvoir se dégager avec ses soldats harassés, céda à un accès de désespoir et voulut mettre fin à ses jours en se tirant un coup de revolver dans la tête. « Il est miraculeux, a écrit le colonel Leperche, chef d'Etat-major, que le général ne se soit pas tué ; le revolver était du calibre de 12 millimètres, la forme cylindro-ogivale de la balle devait faciliter la perforation du crâne. Malgré tout, c'est Dieu qui l'a sauvé, la main gauche a été brûlée par la poudre à la sortie du canon, et le crâne a opposé une résistance telle que la balle s'est aplatie exactement comme sur une plaque de fonte, en glissant sur une largeur de trois à quatre centimètres vers la partie supérieure jusqu'auprès de la racine des cheveux... »

Presqu'au moment où, dans la soirée du 26 janvier, ce tragique évènement se passait à Besançon, partait de Bordeaux la dépêche relevant Bourbaki de son commandement en chef pour le donner au général Clinchant. Elle se croisait avec celle du général Rolland annonçant la nouvelle du suicide.

Le général Thoumas, qui assistait à tous les conciliabules de la délégation à Tours et à Bordeaux, raconte le fait suivant rapporté par Grenest (*L'Armée de l'Est*, II, 495) :

« Le ministre Gambetta) et son délégué (de Freycinet) hésitèrent longtemps, pour ce choix, entre les généraux Clinchant et Billot ; ce fut Gambetta qui choisit à la fin le général Clinchant en disant : « Je re-
« garde Billot comme le plus capable et le
« plus intelligent; mais Clinchant est plus
« régulier et plus ancien. »

« Eh bien ! ajoute M. Grenest avec raison, cette manière d'éliminer le *plus capable,* dans les terribles conjonctures où l'on se trouvait, pour nommer le *plus ancien,* quelqu'admiration que nous professions pour Gambetta, n'aura pas notre suffrage. »

Le général Clinchant prit le commandement de l'armée et essaya d'opérer sa retraite sur Lyon par Pontarlier et Mouthe, en longeant la Suisse. Mais il était trop tard !...

Déjà les paysans et les soldats français qui passaient la frontière faisaient un triste tableau de l'état pitoyable dans lequel se trouvait l'armée. Les événements faisaient prévoir de plus en plus que, cernée et acculée au Jura, elle allait être obligée de chercher un refuge en Suisse. Les seuls passages praticables pour les forts détachements étaient ceux de Morteau au Locle, de Pontarlier aux Verrières et à Sainte-Croix, et celui de Jougne à Ballaigue.

Voici ce qu'écrivait le pasteur Krieg à

la date du vendredi 27 janvier: « Et l'armée française s'approche toujours plus de notre frontière. Clinchant arrive à Pontarlier avec ses têtes de colonnes ; les masses suivront demain. La position est critique ; suivi de près par l'ennemi qui menace son flanc, il doit battre en retraite rapidement ou entrer sur notre territoire. Il n'est pas à présumer que le général fuie devant un ennemi pour faire face à un autre adversaire, qui serait notre armée. On peut donc croire qu'il cherchera simplement un asile en Suisse. Il est donc de toute importance que nos troupes soient portées sur les points menacés par l'invasion. »

En se précautionnant ainsi, les Suisses voulaient bien plutôt se garantir des Prussiens que des Français. Ils avaient été payés pour savoir que les Prussiens ne se gênaient en rien, et qu'emportés par le feu du combat, l'acharnement à la poursuite et surtout par leur sauvagerie naturelle, ils n'hésiteraient pas devant une violation de frontières. Déjà, dans une circonstance beaucoup moins grave, ils avaient montré qu'ils en étaient capables.

Vers la fin de décembre, un jeune homme de Saint-Louis, près d'Huningue, nommé Gürtler, voulant se donner le plaisir de la chasse, prit son fusil et se dirigea vers la Suisse pour aller sur un territoire neutre. Il avait dépassé la frontière alsacienne, mais un poste prussien l'aperçut, le poursuivit assez loin et l'appréhenda, prétextant qu'il était un franc-tireur et avait été saisi en France. Malgré ses dénégations, il fut conduit en prison, puis relaxé. Mais le Gouvernement fédéral ne l'entendit pas ainsi. Convaincu qu'il y avait eu violation du territoire suisse par des soldats allemands, il réclama à qui de droit et demanda une enquête. Cette enquête avait été faite et prouvait que les Prussiens avaient bel et bien franchi la frontière pour venir en Suisse s'emparer du chasseur. Le Conseil fédéral chargea le colonel Hammer d'en demander satisfaction à Berlin.

III

Enfin, le 30 janvier, le général Clinchant prit le parti de passer en Suisse. Il était temps, car les Allemands, sur les talons de nos pauvres soldats, les attaquaient et les battaient dans les combats de Sambacourt, de Chaffois, de Frasne et des Planches. La journée de la veille avait été désastreuse. Plus de communications possibles avec la France ; la retraite même en Suisse fut un moment menacée.

Les fuyards arrivèrent en grand nombre aux avant-postes suisses ; un train de blessés et de malades entra en gare des Verrières. Il était à prévoir que cet état de choses irait en empirant et il était nécessaire de s'entendre avec l'Etat-major français pour faire cesser ce désordre. C'est pourquoi, dans la matinée, le général fédéral Hans Herzog envoya le lieutenant-colonel d'Etat-major Sieber au quartier général à Pontarlier. Il vit les généraux Clinchant et Borel et on s'entendit sur quelques mesures de police.

Clinchant avait encore des illusions. Tant qu'il pouvait, il retardait le moment fatal, mais quand le lendemain matin 31, une dépêche de Bordeaux lui apprit que l'Armée de l'Est n'était pas comprise dans l'armistice signée à Versailles le 28 à onze heures du soir, il n'hésita plus. Du reste, Manteuffel avait si bien manœuvré que les mailles du filet étaient serrées tout autour des Français; son but était atteint. Le général prussien préférait voir l'armée se réfugier en Suisse plutôt que d'avoir 100 000 prisonniers de plus à héberger.

Au reçu de la dépêche, le général Clinchant se disposa à quitter Pontarlier pour aller conférer avec le commandant en chef de l'armée suisse. Il arriva aux Verrières françaises où il s'arrêta, avec son Etat-major, dans une maison au bord de la route. Avant de partir, il avait adressé une proclamation à ses troupes. Elle était ainsi conçue :

Il y a peu d'heures encore j'avais l'espoir, j'avais même la certitude de vous conserver à la défense nationale ; notre passage jusqu'à Lyon était assuré par les montagnes du Jura. Une fatale erreur nous a fait une situation dont je ne veux pas vous laisser ignorer la gravité.

Tandis que notre croyance en l'armistice, qui nous avait été notifié et confirmé à plusieurs reprises par notre gouvernement, nous commandait l'immobilité, les colonnes ennemies continuaient leur marche, s'emparaient de défilés déjà entre nos mains et coupaient ainsi nos lignes de retraite.

Il est trop tard aujourd'hui pour accomplir l'œuvre interrompue ; nous sommes entourés par des forces supérieures, mais je ne veux livrer à la Prusse ni un homme, ni un canon ; nous irons demander à la neutralité de la Suisse l'abri de son pavillon ; mais je compte dans cette retraite vers la frontière sur un effort suprême de votre part.

Défendons pied à pied les derniers échelons de nos montagnes, protégeons le défilé de notre artillerie et ne nous retirons sur un sol hospitalier qu'après avoir sauvé notre matériel, nos munitions et nos canons.

Soldats ! je compte sur votre énergie et sur votre ténacité ; il faut que la Patrie sache bien que nous avons tous fait notre devoir jusqu'au bout et que nous ne déposons nos armes que devant la fatalité.

Le pas décisif était fait...

Sur ces entrefaites, le général Herzog arrivait aux Verrières suisses, à deux kilomètres des Verrières de France ou de Joux, appelé par les colonels Bontemps et Rilliet, qui lui avaient fait savoir que le chemin de Mouthe étant intercepté, il ne restait à l'armée française que la seule ressource de pénétrer en Suisse si elle ne voulait pas tenter un dernier et suprême effort.

Il fallait donc se hâter. A Morteau, le général Bressoles venait de demander et d'obtenir de faire évacuer par Neuchâtel et Genève 300 malades sur Lyon. La population neuchâteloise, avertie par le tambour, s'était portée en masse à la gare pour distribuer à ces malheureux tous les secours nécessaires en vivres et surtout en réconfortants chauds dont ils avaient le plus pressant besoin.

Le général Herzog envoya aussitôt le colonel divisionnaire Bontemps à l'extrême frontière, avec l'ordre de recevoir tous les corps français après leur avoir fait déposer les armes. Bontemps arriva aux avant-postes et eut une entrevue avec le lieutenant-colonel de cuirassiers Chewals, aide-de-camp du général Clinchant.

Le 1er février, vers deux heures et demie du matin, un officier, détaché des avant-postes, amena au général Herzog le lieutenant-colonel Chewals. Celui-ci, introduit dans une grande pièce attenante à la chambre où reposait le général, annonça qu'il venait traiter du passage de l'armée française en Suisse.

Voici, d'après le récit du colonel vaudois Secrétan *(Gazette de Lausanne,* n° du 12 février 1894), ce qui se passa alors :

« Le général suisse demanda au colonel français ses pouvoirs, mais il n'avait que des ordres verbaux et aucune condition à poser ; il venait simplement demander l'autorisation de passer la frontière. Le général répondit que la première condition était le désarmement, et que pour le reste on verrait quand le parlementaire serait muni des pouvoirs nécessaires.

L'officier français retourna aux Verrières de Joux. A trois heures et demie il revint, accompagné du comte de Dré, vice-consul de France à Neuchâtel. Il était porteur de l'ordre suivant : « Par le
« présent ordre, le général en chef de
« l'armée française de l'Est confère à M.
« le lieutenant-colonel Chewals les pou-
« voirs nécessaires pour établir avec M. le
« général Herzog, général en chef des
« troupes suisses, les bases d'une con-
« vention destinée à régler les conditions
« de l'entrée en Suisse de l'armée fran-
« çaise. Cette convention recevra son
« exécution immédiate dès qu'elle aura
« été revêtue de ma signature. »
« CLINCHANT. »

« C'est alors que la convention fut rédigée. Le général Herzog, debout, dictait ; assis à une grande table, le lieutenant-colonel Chewals, le lieutenant-colonel Sieber, et le major de Guimps, ces deux derniers suisses, écrivaient. »

Cette pièce était conçue en ces termes :

ART. Ier. — L'armée française, demandant

à passer sur le territoire suisse, déposera en pénétrant ses armes, équipements et munitions.

Art. II. — Ces armes, équipements et munitions seront restitués à la France après la paix et après le réglement définitif des dépenses occasionnées à la Suisse par le séjour des troupes françaises.

Art. III. — Il en sera de même pour le matériel d'artillerie et ses munitions.

Art. IV. — Les chevaux, armes et effets des officiers seront laissés à leur disposition.

Art. V. — Des dispositions ultérieures seront prises à l'égard des chevaux de troupe.

Art. VI. — Les voitures de vivres et de bagages, après avoir déposé leur contenu, retourneront immédiatement en France avec leurs conducteurs et leurs chevaux.

Art. VII. — Les voitures du trésor et des postes seront remises avec tout leur contenu à la Confédération helvétique, qui en tiendra compte lors du réglement des dépenses.

Art. VIII. — L'exécution de ces dispositions aura lieu en présence d'officiers français et suisses désignés à cet effet.

Art. IX. — La Confédération se réserve la désignation des lieux d'internement pour les officiers et pour la troupe.

Art. X. — Il appartient au Conseil fédéral

d'indiquer les prescriptions de détail destinées à compléter la présente convention.

« Il n'y eut, continue le colonel Secrétan, témoin de cette scène émouvante, aucune délibération d'aucune sorte, sinon sur un seul point : la vente de chevaux. Lorsque le général eut dicté l'article 4, l'officier français posa sa plume et, se levant, remercia le général de cette marque de courtoisie donnée à ses malheureux camarades. Peu après quatre heures du matin, tout était terminé ; la convention était écrite en triple expédition et signée par le général Herzog. Le parlementaire la porta à son général, qui lut le document et y apposa sa signature. Pendant ce temps, le général suisse avait fait avancer ses troupes. Lui-même monta à cheval avec ses officiers et se dirigea vers la frontière, suivi de l'état-major du colonel Rilliet, commandant la 12e brigade de l'armée fédérale. »

Le défilé des troupes commença à cinq heures du matin et le canon du fort de Joux se fit entendre.

IV

Nous voici au dernier acte de cet effroyable drame et il nous faut assister, le cœur gros, aux convulsions suprêmes et à la douloureuse agonie de notre malheureuse armée de l'Est.

Ce sont les troupes du XVIII° corps, de concert avec celles de la réserve générale, qui sont désignées pour protéger la retraite, sous les ordres du général Billot. Elles évacuèrent Pontarlier et leur arrière-garde venait à peine de franchir le pont du Doubs, au sud-est de la ville, quand à l'autre extrémité de la Grande-Rue, longue de 500 mètres, débouchant par la route d'Houtaud et la porte triomphale d'Arçon, apparurent les premiers escadrons de hulans et de dragons prussiens ; quelques heures après, le crépitement de la fusillade et le grondement du canon se faisaient entendre au défilé de la Cluse.

Après le pont, on entre dans la gorge qui, sous le nom d'*Embouchis*, partant du Tournant de la Cluse et de la Fauconnière, vient déboucher dans la Chaux-d'Arlier, en séparant la chaîne secondaire du Larmont de celle du Laviron. Au sortir du défilé, la route traverse le village de la Cluse, et le passage est protégé, à droite par le château de Joux, bâti sur un rocher isolé, et, à gauche, par le fort du Larmont, qui lui fait pendant.

Nous n'avons pas, on le comprend, l'intention de raconter ici, après tant d'autres auteurs, la journée du 1er février 1871, pendant laquelle nos braves soldats ont retrouvé, pour livrer le glorieux combat de la Cluse la vaillance et la vigueur qu'ils déployèrent à Villersexel.

Ce combat fut le dernier épisode de cette rude campagne de l'Est.

Il a, pour nous autres Vosgiens, un certain intérêt en ce sens que dans les troupes allemandes qui poursuivirent les nôtres la baïonnette dans les reins se trouvaient des régiments du VIIe corps (Zastrow), qui occupèrent ensuite le département des Vosges jusqu'à la libération du Territoire.

*

Le 9ᵉ régiment d'infanterie prussienne ou Grenadiers de *Colberg* (2ᵉ poméranien) qui tint garnison à Saint-Dié du 5 Novembre 1871 au 2 août 1873, eut dans cette sanglante affaire, d'après la *Gazette de Cologne*, organe prussien, plus de 400 hommes, dont plusieurs officiers, hors de combat. Leurs morts, très nombreux, furent enterrés dans le cimetière de Pontarlier. Ce fut contre le 29ᵉ régiment de marche, commandé par le lieutenant-colonel Carré que le 9ᵉ prussien eut à combattre. Il dut se replier sur Pontarlier. Ce fut en grande partie à la bravoure héroïque du 29ᵉ de marche à la Cluse que l'armée dût de pouvoir passer en Suisse, sans être trop inquiétée.

De son côté, l'artillerie du fort de Joux contribua puissamment à couvrir la retraite. Elle ne semblait pourtant pas bien redoutable. Une seule pièce du calibre de 4 était tournée du côté de Pontarlier. On avait été obligé, la veille au soir, au prix d'efforts inouïs, de retourner toutes les autres qui, naturellement, étaient disposées de manière à enfiler les routes venant de la Suisse. On réussit aussi à hisser 2 pièces de 12 sur la plate-forme du donjon.

Comme par sa position le fort n'était pas bien placé pour battre suffisamment la route de Pontarlier, on établit, sur un petit replat, à quelques mètres en avant de l'avancé une « batterie de neige. » Ce fut un véritable tour de force et on reconnut bien là le grand talent *débrouillard* de nos soldats. On amena à cet endroit cinq canons, que l'on mit en batterie, mais comme il fallait la couvrir avec un épaulement, on le forma de neige montée par couches successives de 20 centimètres bien damées et arrosées au fur et à mesure. La congélation qui se produisait instantanément, la convertissait en une masse compacte d'une dureté extrême.

Une batterie prussienne, se plaçant à l'endroit du défilé appelé le « Tournant de la Cluse » vint canonner le fort. La batterie de neige lui répondit et la réduisit au silence. Elle fit plus et mieux. Allongeant son tir, elle envoya des obus à balles qui allèrent tomber sur des colonnes serrées d'infanterie prussienne massées derrière le Tournant et y causèrent de grands ravages.

V

Cependant, sous la protection de notre XVIIIe corps, la retraite s'effectuait en un piteux défilé. Nous avons dit qu'il avait commencé dès cinq heures du matin. Ce fut d'abord l'état-major du général en chef, les voitures du quartier général, le trésor, qui contenait 1500.000 francs, la poste de campagne, les calèches appartenant aux généraux, puis la longue colonne d'artillerie ; des milliers d'hommes s'étaient faufilés entre les voitures. C'était une cohue. Une autre colonne parallèle suivait, à cent mètres, la voie ferrée.

Laissons la parole au pasteur Krieg, qui dépeint ainsi ce triste exode : « Quel désordre ! Les batteries seules présentent quelque trace d'organisation et sont commandées par leurs officiers ; mais les chevaux sont fourbus, maigres, décharnés. Les fantassins marchent librement ; il n'y a plus de bataillons, ni de compagnies ; nul ne songe à commander, encore moins à obéir. Tous les corps sont mêlés : zouaves, mobiles et autres. Les premiers n'ont qu'une sorte de pèlerine qui les abrite médiocrement ; d'autres s'enveloppent de couvertures maculées de boue ; tous marchent en silence et descendent comme un flot humain ! Quel spectacle propre à faire saigner le cœur le plus insensible, ces malades, déjà marqués par la mort, qui se trainent péniblement dans la neige, torturés par la souffrance ; ces faibles ou fatigués, aux pieds gelés ou suppurants ; plus de souliers, ces pauvres ont déchiré leurs tuniques pour s'envelopper les pieds de ces haillons. Les réfugiés jettent leurs armes et leurs cartouchières sur le bord de la route. Bientôt il se forme des montagnes de fusils, de sabres et de pistolets, entre lesquels on marche comme dans un chemin creux...

« Une toux stridente, continuelle se faisait entendre de la queue à la tête des colonnes, car presque tous étaient affectés de ce mal qui déchire la poitrine et brise les forces. Les premières troupes qui entrèrent devaient marcher jusqu'à la nuit, afin d'évacuer les routes et de permettre aux autres corps d'avancer ; aussi c'est plus morts que vifs que les soldats exténués arrivent vers le soir dans des localités où d'abondants secours les attendaient. »

Nous ne pouvons nous empêcher de reproduire, comme pendant à ce si triste récit, le sombre tableau que fait un poète franc-comtois, M. Louis Mercier, dans un journal littéraire de Besançon *Les Gaudes* (n° du 31 Janvier 1891). En voici quelques strophes :

Nous défilions cent mille !.. Epuisés, mornes,
                      [haves,]
Cavaliers, fantassins, malades et zouaves,
Trahis par le Destin, ne demandant pas mieux
Que de mourir pour toi, chère France meurtrie ;
Mais comme des proscrits, nous quittions la patrie,
La rage dans le cœur, des larmes dans les yeux !

Et pendant que traqués, comme un troupeau
[d'esclaves]
Nous cherchions un abri vers le sol étranger,
De ses remparts en feu Belfort, ce nid de braves,
Belfort nous appelait en vain pour le venger.

Et nous allions perdus à travers la tempête ;
Les vieux sapins géants tordaient sur notre tête
Leurs bras pétrifiés, pleins de mugissements ;
Et quand sur nous la nuit tombait funèbre et lente,
En notre âme sentant redoubler l'épouvante,
Nous nous serrions autour de nos brasiers
[fumants]
Affamés, dans la neige, infranchissable ornière,
Nous brisions à la hâche un pain noir en glaçons,
Tandis que décharnés, se rongeant la crinière,
Nos chevaux s'abattaient raides sous leurs
[caissons.]

. . . .

Et toujours devant nous s'enfonçaient en spirales
Les rochers de la Cluse aux blancheurs sépulcrales
Et toujours poursuivis par l'ange du trépas,
Nous errions succombant de froid et de misère ;
Et la neige partout, s'ouvrant comme un suaire,
Affreux enlisement, s'engouffrait sous nos pas !...
Mais trêve à nos douleurs (nos pères en Russie
Ont-ils autant souffert !) expirants, nous foulions
Un sol libre et sacré. — Sublime l'Helvétie
Abritait sur son cœur nos navrants bataillons.

La Retraite de l'armée de l'Est, 1871.

Pendant que le gros de l'armée passait en désordre aux Verrières, des colonnes plus ou moins considérables et dans le même état de misère étaient évacuées par Ste-Croix sur le val de Travers.

A la frontière flottait le drapeau suisse qui annonçait aux soldats qu'ils arrivaient dans un pays neutre, mais ami, où, suivant l'expression de l'un d'eux, « on n'entendra plus les bonnets prussiens qui vous battent le tambour dans les jambes. »

Nous ne pouvons suivre dans tous ses détails l'émouvant récit du pasteur de Moutier-Grandval. Bornons-nous à dire que partout la population fit à cette multitude affamée l'accueil le plus sympathique et le plus hospitalier, lui prodiguant vivres, boissons, linges et soins de toutes sortes.

Le défilé des troupes dura de cinq heures du matin à sept heures du soir. On voulut le suspendre pendant la nuit; mais, ainsi qu'on l'a vu, les Prussiens de Manteuffel ayant attaqué l'arrière garde aux Fourgs, puis à la Cluse où le général Billot lutta vaillamment, et, non loin des Verrières, dans les rochers du Larmont où le général Pallu de la Barrière défendit les passages, on laissa l'armée de l'Est pénétrer le plus vite possible sur le territoire suisse. Pendant toute la nuit du 1ᵉʳ au 2 Février, les défilés du Jura furent encombrés de soldats.

VI

Le lugubre défilé continua le 2 ; on crut y remarquer plus d'ordre. Les régiments étaient précédés de leurs chefs ; mais c'était toujours un lamentable pêle-mêle. « Singulier spectacle que ces troupes venant s'entasser dans une étroite vallée, dans une gorge plutôt ; ces bivouacs établis dans la neige ; ces hommes se groupant autour de petits feux allumés avec du bois vert que l'on coupait au passage. Des malades par milliers ; des mourants râlant dans la neige, en proie au typhus ou à d'autres maladies ».

Le découragement était si grand chez ces pauvres gens que l'on entendit dans une rue de Fleurier, gros bourg situé après les Verrières, sur la route de Neuchâtel, le dialogue suivant entre un habitant et deux jeunes francs-tireurs de 16 ans : « Venez, leur disait-il, vous reposer et vous chauffer à la maison. — Non, merci. — Voulez-vous manger ? — Non, merci. — Que pouvons-nous faire pour vous, que désirez-vous ? — Nous désirons mourir... »

Dans l'après-midi, l'arrière-garde de l'armée de l'Est arriva aux Verrières, commandée par le général Billot, et défila en bon ordre. A partir de ce moment, il n'entra plus par cette route que des traînards, marchant isolés ou par petits groupes.

Ce fut le vendredi 3 février, à cinq heures du soir, que les derniers Français quittèrent Morteau pour laisser la place aux Allemands.

Les débris de l'armée de l'Est reçurent chez nos voisins de Suisse une généreuse et cordiale hospitalité. Il était entré dans leur pays, pendant ces trois jours, 70 généraux, 2.212 officiers et 83.416 soldats !...

Les Suisses ne se bornèrent pas à bien recevoir les malheureux vaincus ; ils voulurent encore secourir les populations franc-comtoises, victimes d'une guerre féroce, pillées, incendiées, ruinées dans les sanglantes batailles d'Héricourt et de Montbéliard et dans les combats qui se livrèrent dans l'Ajoie française, sœur de l'Ajoie suisse. Les appels à la charité furent entendus ; la ville de St Imier trouva en un clin d'œil de 4 à 5000 francs pour les habitants du pays de Montbéliard. Il en fut de même à Delémont et à Porrentruy. Mais c'est à Bâle que la sympathie se manifesta sous la forme la plus touchante : plusieurs voitures de déménagements, attelées de quatre chevaux et portant en grandes lettres cette inscription : *Für die Hungerleidenden von Montbéliard* ont parcouru les rues de la ville, précédées d'un individu agitant une sonnette. A ce signal bien connu, les portes s'ouvraient ; hommes et femmes d'accourir pour apporter tout ce qu'ils avaient sous la main en fait de nourriture et de vêtements. Un tronc destiné à recevoir les dons en argent était attaché à chaque *Hunger wagon* — c'est le nom que les Bâlois donnèrent à ces voitures, — et quand la collecte fut terminé, on en retira 20 000 francs, et quinze voitures de denrées et d'effets partirent de Bâle pour Montbéliard.

Les pauvres réfugiés avaient pour leurs bienfaiteurs la plus vive reconnaissance ; ils ne savaient comment la leur témoigner. Le pasteur Krieg cite à ce propos cette anecdote : « On se souviendra longtemps à Lausanne du brave Turco qui, pour exprimer sa gratitude à une jeune femme qui lui offrait du café, et cherchant des mots assez expressifs, ne sut que lui faire ce compliment : Chez nous, les dames sont très bonnes, mais ici les dames sont... sont bons garçons ! ».

Alphonse Karr, quittant Genève, où il avait été passer quelques jours, remercia dans une lettre émue et toute vibrante d'admiration le petit pays libre qui a montré que « l'humanité et la fraternité, ces fleurs bénies, ne sont pas partout desséchées et mortes ».

TABLE DES MATIÈRES

	Pages
A propos des « Hussards de Lauzun ».	3
A propos de la mort du poète Gilbert..	17
Saint-Dié ville d'eaux................	21
A propos de féminisme. Femmes « en culottes ».......................	29
A propos d'une vieille chanson. Les loups-garous.....................	41
Les finances de la ville de Saint-Dié pendant la Révolution............	57
Les derniers jours de l'Armée de l'Est.	69

www.ingramcontent.com/pod-product-compliance
Lightning Source LLC
Chambersburg PA
CBHW070309100426
42743CB00011B/2414